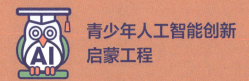

青少年人工智能创新启蒙工程

AI思维乐园
想象无限

方海光 郑志宏 | 总主编
田露 任琳 汪乐乐 | 主编

人民邮电出版社
北京

图书在版编目（CIP）数据

AI 思维乐园：想象无限 / 方海光，郑志宏总主编；田露，任琳，汪乐乐主编. -- 北京：人民邮电出版社，2025. -- ISBN 978-7-115-65836-4

Ⅰ．G624.583

中国国家版本馆 CIP 数据核字第 2025NL7668 号

内 容 提 要

《AI 思维乐园：想象无限》是一本为小学低年级学生量身定制的人工智能科普图书，旨在通过一系列富有挑战性的实践活动，带领学生探索人工智能领域中思维相关的奥秘。本书不仅注重知识的传递，还重视培养学生的逻辑思维、创新思维和跨学科思维，让他们在探索人工智能的旅程中不断成长和进步，为未来的学习和探索打下坚实的基础。本书适合小学低年级的学生阅读。

◆ 总 主 编 方海光　郑志宏
　　主　　编　田　露　任　琳　汪乐乐
　　责任编辑　王　芳
　　责任印制　马振武
◆ 人民邮电出版社出版发行　北京市丰台区成寿寺路 11 号
　　邮编　100164　电子邮件　315@ptpress.com.cn
　　网址　https://www.ptpress.com.cn
　　北京瑞禾彩色印刷有限公司印刷
◆ 开本：787×1092　1/16
　　印张：4.5　　　　　　　　　2025 年 3 月第 1 版
　　字数：38 千字　　　　　　　2025 年 5 月北京第 2 次印刷

定价：30.00 元
读者服务热线：(010)53913866　印装质量热线：(010)81055316
反盗版热线：(010)81055315

专家委员会

安晓红	边 琦	蔡 春	蔡 可	柴明一	陈 梅	陈 鹏	
杜 斌	傅树京	郭君红	郝智新	黄荣怀	金 文	康 铭	
李 锋	李怀忠	李会然	李 磊	李 猛	刘建琦	马 涛	
陕昌群	石群雄	苏 宁	田 露	万海鹏	王海燕	武佩峰	
武瑞军	武 装	薛海平	薛瑞玲	张 蓓	张 鸽	张景中	
张 莉	张 爽	张 硕	周利江	朱永海			

编委会

白博林	鲍 彬	边秋文	卞 丽	曹福来	曹 宇	崔子千
戴金芮	邓 洋	董传新	杜 斌	方海光	高桂林	高嘉轩
高 洁	郭皓迪	郝佳欣	郝 君	洪 心	侯晓燕	胡 泓
黄颖文惠	季茂生	姜 麟	姜志恒	焦玉明	金慧莉	康亚男
孔新梅	李福祥	李 刚	李海东	李会然	李 炯	李 萌
李 婷	李 伟	李泽宇	栗 秀	梁栋英	刘慧薇	刘 娜
刘晓烨	刘学刚	刘振翠	卢康涵	吕均瑶	马 飞	马小勇
满文琪	苗兰涛	聂星雪	裴少霞	彭绍航	彭玉兵	任 琳
陕昌群	单楷罡	尚积平	师 科	石 磊	石群雄	舒丽丽
唐 淼	陶 静	田 露	田迎春	涂海洋	万 晶	汪乐乐
王彩琴	王丹丹	王 健	王 青	王秋晨	王显闯	王晓雷
王馨笛	王雁雯	王 雨	魏嘉晖	魏鑫格	瓮子江	吴 昊
吴 丽	吴 俣	武佩峰	武 欣	武 艺	相 卓	肖 明
燕 梅	杨琳玲	杨青泉	杨玉婷	姚凯珩	叶宇翔	殷 玥
于丽楠	袁加欣	曾月莹	张 东	张国立	张海涛	张 慧
张京善	张 柯	张 莉	张明飞	张晓敏	张 旭	张 禹
张智雄	张子红	赵 芳	赵 森	赵 山	赵 昕	赵 悦
郑长宏	郑志宏	周建强	周金环	周 敏	周 颖	朱庆煊
朱婷婷						

总 序

在当今信息技术迅猛发展的背景下，人工智能（AI）已成为推动社会进步的关键力量。向小学生普及人工智能相关知识，培养适应未来社会的创新人才，是新时代人工智能发展的必然要求。

本套书致力于开展人工智能普及教育，重点培养小学生的逻辑思维、批判思维和问题解决能力，引导小学生掌握人工智能的基本知识、认识人工智能在信息社会中的重要作用、运用人工智能技术解决生活与学习中遇到的问题。通过本套书的学习，学生能够获得人工智能的基本知识、应用技能，在运用人工智能技术解决实际问题的过程中，成长为具备良好信息意识，具有计算思维、创新能力及社会责任感的公民。

本套书的学习内容均来自真实的生活场景，以问题引入，以活动贯穿，运用生动活泼、贴近生活的案例进行概念的阐述。同时，本套书还注重契合小学生的学习特点，避免了单纯的知识传授与理论灌输。本套书围绕学生在学校、家庭、社会中的所见所闻展开学习活动，采用体验式学习、项目式学习与探究性学习的形式，在阐述概念和理论的基础上，提升学生的学习兴趣，加深学生对人工智能的理解。

本套书共 12 册，内容由浅入深，从基础知识，到数据和算法，最后到物联网、开源鸿蒙和 AI 大模型，每册书都有不同的主题。本套书要求学生亲自动手完成书中的学习活动，让学生感受人工智能技术给人们生活带来的美好。

本套书得以完成，十分感谢来自北京、沈阳、成都等不同地区的学科专家和一线教师，他们具有丰富的教育教学经验，部分内容经过了多轮教学实践，从而保证了内容的实用性和科学性。特别感谢专家委员会的倾力指导，专家们对本套书的内容选择、展现形式、学习方式等都提出了很多宝贵的建议，极大提高了本套书的内容质量。

囿于作者能力，本套书难免存在不完善之处，敬请广大读者批评指正。

总主编 方海光

前　言

在科技迅猛发展的当下，人工智能已然成为时代浪潮中最耀眼的星，引领我们步入充满无限可能的新纪元。人工智能的崛起，不仅仅是技术的革新，更是一场思维的革命。因此，向中小学生普及人工智能知识，不仅仅是为了让学生掌握一门新兴技术，更是为了培养他们适应未来社会所需的思维能力和综合素养，为他们播下智慧的种子，点亮未来的希望之光。

本书专为小学低年级学生量身打造，旨在通过人工智能的学习，启迪学生的智慧，引领他们踏上探索思维的旅程。通过精心设计的课程内容，我们将引导学生逐步掌握人工智能的核心概念和基本原理，培养他们的逻辑思维能力，让他们学会用理性的思维方式分析问题、解决问题。同时，我们注重激发学生的创新思维，鼓励他们敢于突破常规，提出独特的见解和解决方案，如同在思维的宇宙中探索未知的星球，勇敢地开辟新的航道。

为了让学习过程充满乐趣和惊喜，我们巧妙地将人工智能知识融进丰富多彩的游戏和活动中。从支配集在小镇场景的多样呈现，到随机数在趣味情境中的巧妙运用，再到加密领域的神秘技术展示，以及变量在各类奇妙设定中的特性彰显，共同构成了丰富且充满趣味与奥秘的知识画卷。每一个环节都紧密围绕学生的兴趣点展开。学生将在轻松愉快的氛围中，潜移默化地掌握知识，提升技能，犹如在知识的花园中悠然漫步，尽情享受探索的无穷乐趣。同时，我们注重引导学生在实践中思考，通过实际操作和体验，让他们深入理解人工智能的奥秘，拓展思维的边界，为未来的学习和生活奠定坚实的基础。

在人工智能的学习过程中，塑造学生的数字素养、创新精神和社会责任感同样重要。除了培养思维能力、创新精神，学生在本书中还将学会如何获取、筛选、分析和运用信息，并在此过程中培养数字素养与社会责任感。有了数字素养与社会责任感，同学们在信息的海洋中航行时，就能掌握正确的航向。

在这个充满无限可能的时代，让我们携手学生共同踏上人工智能的学习之旅，共同见证思维的绽放与成长。愿这本《AI思维乐园：想象无限》成为学生在智能世界中探索前行的指南针，指引他们跨越思维的山川湖海，创造出属于自己的精彩未来！

主编 田露

目 录

第 1 单元

旅行小镇——支配集 …………………………………… **10**

第 1 课　旅行小镇上的邻居们——控制与支配 ………… 11

第 2 课　旅行小镇社交——最小支配集 ………………… 14

第 3 课　交通管理——分析支配集 ……………………… 17

第 4 课　体验之旅——应用支配集 ……………………… 20

单元总结 ……………………………………………………… 23

第 2 单元

掷硬币问题——随机密码 ………………………………… **24**

第 1 课　天降巧数——认识随机数 ……………………… 25

第 2 课　趣味概率——用硬币进行决策 ………………… 30

第 3 课　"珠玑妙算"——生成随机密码 ……………… 33

第 4 课　福尔摩斯探密——巧用神奇密码 ……………… 36

单元总结 ……………………………………………………… 40

第 3 单元

公开的秘密——公钥加密 ……………………………… 41

- 第 1 课　神秘邮件——对称加密 …………………………… 42
- 第 2 课　神奇的"读心术"——非对称加密 ………………… 46
- 第 3 课　真假签名——数字签名 …………………………… 50
- 第 4 课　权威认证——数字证书 …………………………… 53

单元总结 ………………………………………………………… 57

第 4 单元

计算机病毒复制——变量赋值 ……………………… 58

- 第 1 课　计算机病毒"小捣蛋"——认识变量赋值 ………… 59
- 第 2 课　计算机病毒的变身术——变量的多样性 ………… 62
- 第 3 课　迷宫探险家——变量控制行为 …………………… 65
- 第 4 课　智能侦探团——追踪变量赋值的决策点 ………… 68

单元总结 ………………………………………………………… 71

第 1 单元
旅行小镇——支配集

单元背景描述

　　旅行小镇是一个充满活力和多样性的地方,它拥有众多的景点、活动和多元特色文化。然而,如何在小镇经费有限的情况下,为旅行者提供舒适的体验,比如让交通更顺畅、让旅行者能在炎炎夏日买到冰激凌,这些成为镇长的难题。这时,支配集就显得尤为重要。想象你和你的朋友们在操场上玩,每个人都是一个点,如果两个人是朋友,就用一条线把他们连起来。这样,整个操场就变成了一张"图"。现在,我们要选一些同学组成一个小组,这个小组有一个特别的任务:每个不在小组里的同学,至少要和小组里的一个同学是朋友。这样的小组就叫作"支配集"。换句话说,支配集就是一组点,使图中所有的其他点都至少与这组中的一个点相连。学会利用支配集的概念,让我们一起感受旅行小镇的魅力吧!

第 1 单元　旅行小镇——支配集

第 1 课　旅行小镇上的邻居们——控制与支配

活动目标

1. 了解什么是控制与支配；
2. 在角色扮演中体验信息传递和支配的过程。

活动内容

旅行小镇要举行庆典活动，需要保证每位居民到场参加，直接通知每位居民耗时又耗力，小镇镇长开始思考如何能够更高效地向居民传递信息。

‹ 活动 1　邻里之间

旅行小镇居民的住宅分布如下页图所示，相邻住宅之间都有连通的道路，把相邻的两个住宅依次连接起来的路线叫作"路径"。例如，A 到 D 的路径可以是 A→B→C→D。

AI 思维乐园：想象无限

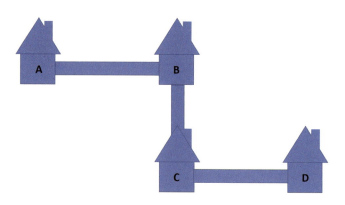

根据下图所示的旅行小镇的居民住宅分布，A想传递信息给D可以通过_____、_____、_____或_____这4条路径，其中传递速度最快的是_____和_____这两条路径。

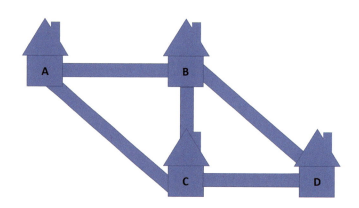

活动 2 村庄喜讯

庆典活动即将开始，旅行小镇的镇长需要尽快通知每一位居民，但是每位居民都只能和邻居直接交流。如果要把信息传递给较远的居民，就需要通过中间的邻居来帮忙传递信息。

第 1 单元　旅行小镇——支配集

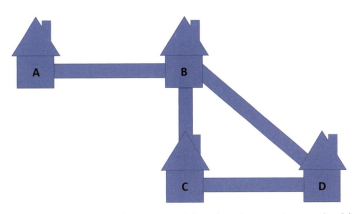

如果 A 想要和 D 交流，就需要通过 B 来传递信息。在这种情况下，B 就"控制"或"支配"了 A 和 D 之间的交流，因为 A 和 D 想要交流必须经过 B。

如果 C 是旅行小镇镇长，要确保整个村庄都知道某个信息，他应该如何发布信息？请同学们自行分组，和小组同学扮演小镇居民，试一试信息是否能通知到每一位居民。

知识点总结拓展

在这节课中，同学们通过参与活动，学习了某些点能够"控制"或"支配"其他点之间的连接或交流，虽然这些点可能不是起点或终点，但它们对于连接其他点起着至关重要的作用。

在现实生活中，控制和支配这两个概念应用广泛。例如，交通法规规定了车辆和行人的行驶、通行规则，保障了交通秩序和安全；教育制度通过课程安排、考试评估等方式来支配学生的学习过程；父母通常会对子女进行一定程度的支配，以保障他们的安全、教育和成长等。

AI 思维乐园：想象无限

第 2 课　旅行小镇社交——最小支配集

活动目标

1. 理解最小支配集的含义；
2. 找出身边的"最小支配集"。

活动内容

如果能找到最少数的一群居民，这群人能够直接或间接地联系到旅行小镇的每一位居民，那么镇长只需要将信息传达给这群居民即可，这样可以节省时间。我们把这样一群居民叫作旅行小镇居民关系网络中的"最小支配集"。

◀ 活动 **1** 社交小达人

把我们的班级想象成旅行小镇，我们都是在镇上居住的居民，那么班级同学之间的关系就代表了旅行小镇居民之间的关系。

活动规则：请同学们自行分组，并和小组中的其他同学一起交流，确定彼此之间的朋友关系，并画出组内的社交关系图。各小组通过组内讨论找出最小支配集，并说一说这样找的理由。

活动 2 守护宝藏

镇长设定了宝藏埋藏地点并指定了一些居民作为守护者，每个守护者可以控制一定范围内的宝藏埋藏区域，且这些守护者的总体控制范围正好能够覆盖整个宝藏埋藏区域，这些守护者构成了最小支配集。

活动规则：通过棋盘格模拟盗贼入侵的情况，盗贼会尝试从未被守护者控制的区域接近宝藏。方形色块代表建筑物，红色圆点代表宝藏，蓝色圆点代表盗贼，每个守护者最多可以守护宝藏周围的 8 个方格。

AI 思维乐园：想象无限

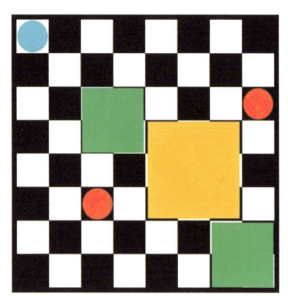

想一想，怎样安排守护者的位置才能守护好宝藏不被盗贼偷走呢？

知识点总结拓展

在这节课中，同学们学习了"最小支配集"的概念，能够通过参与活动找到"最小支配集"。

最小支配集是一个非常重要的概念。在生活中，找到关键的最小支配集可以让我们更高效地传递信息、解决问题和完成任务，达到事半功倍的效果。

第3课　交通管理——分析支配集

活动目标

1. 深入理解支配集的概念；
2. 学会在实际交通网络中应用最小支配集。

活动内容

如果把交通路口看作一个"小世界"，车辆和行人就像是这个世界里的"点"，而道路就像是连接这些"点"的"线"。在这个"小世界"中，有一些特殊的"点"或"线"能够影响或控制其他的"点"或"线"，我们称这些特殊的"点"或"线"为"支配集"。

AI 思维乐园：想象无限

‹ 活动 ❶ 交通小达人——交通信号灯的秘密

　　交通信号灯可以控制车辆和行人的通行，避免交通混乱。如果我们把每个路口当作一个点，道路当作连线，整个城市就像一张大网！如果我们要选几个重要的路口装上交通信号灯，让所有车辆都能被这些交通信号灯所管理到，这些被选中的路口就是设置交通信号灯的"最小支配集"！

　　活动规则：请同学们分组扮演行人、司机、交警等角色，由一位同学来控制交通信号灯，模拟交通路口的场景。看一看，如果有车辆和行人不遵守交通信号灯的指示，会产生什么样的后果呢？

第 1 单元　旅行小镇——支配集

❮ 活 动 ❷ 交通小英雄——拯救拥堵的旅行小镇

旅行小镇正面临严重的交通拥堵问题，作为交通小英雄，你需要找出交通网络中的最小支配集，找出关键点，以解决交通拥堵问题。

活动规则：观察交通地图，找出可能造成拥堵的点。如果每个交警可以管控 4 个路口，如何配置才能以最少的警力来疏导交通？

知识点总结拓展

> 在这节课中，同学们通过活动感受到了最小支配集的重要作用，还体验到了作为一名交通小英雄的使命感和成就感。
> 在解决实际交通拥堵问题的过程中，还可能会遇到一些意外情况，如交通事故、恶劣天气等，我们更需要灵活应对这些挑战。

AI 思维乐园：想象无限

第4课　体验之旅——应用支配集

活动目标

通过旅行小镇的趣味场景，理解"支配集"的实际应用。

活动内容

旅行小镇在大家的共同努力下，迎来了众多游客。小镇镇长想进一步提升游客的旅行体验，对小镇进行升级改造。快来想一想，如何应用学过的知识来帮助镇长！

‹ 活动 **1** 冰激凌车规划师

天气越来越炎热了，镇长想布置几辆冰激凌车，让游客在任何景点都能很快地买到冰激凌。但小镇经费有限，冰激凌车的数量越少越好。

第1单元 旅行小镇——支配集

活动规则： 冰激凌车需要放置在景点上，如何配置，使游客只要走过一条街，就可以买到冰激凌。请同学们想一想，如何布置能让冰激凌车的数量达到最少？以小组为单位，在图上画出来吧！

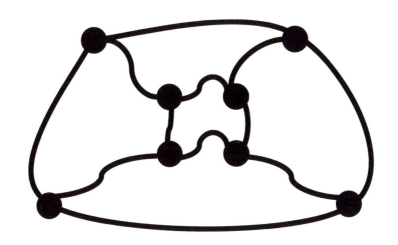

‹ 活动 **2** 导游挑战

小镇上，有弯弯曲曲的小路连接着各处景点。可是，一到晚上小镇就变得黑漆漆的，大家走路很不方便。镇长决定安装路灯，但小镇的预算有限。

活动规则： 如果在某个景点的位置安装路灯，那么和景点相连的小路也能同时被照亮。请同学们以小组为单位，帮镇长选出最关键的几个位置，让所有小路都被照亮吧！用最少数量路灯覆盖全镇的小组，将获得"星光工程师"称号。

AI 思维乐园：想象无限

知识点总结拓展

在这节课中，同学们通过旅行小镇的趣味场景体验，理解了如何应用最少的"关键点"控制和支配所有道路，体验了"支配集"的实际应用。

在实际生活中，超市里的监控摄像头是不是也可以这样选位置呢？

第1单元 旅行小镇——支配集

单元总结

在本单元中,我们通过参与活动了解了支配集的概念,支配集在我们的生活中非常常见,它可以让我们在有限的条件下高效率地完成任务。同学们运用支配集解决了小镇生活中遇到的问题,在解决问题的过程中能更自然地理解"用最少资源解决问题"的思维方法,为后续学习埋下了兴趣的种子!

我的收获

通过本单元的学习,你对以下知识掌握了多少呢?试着动手涂一涂吧!

对控制与支配有一定的了解,能够联想到生活中的实例	☆☆☆☆☆
对"最小支配集"这一概念有所了解,可以在实际案例中找到最小支配集	☆☆☆☆☆
了解交通信号灯在交通中的重要作用,知道其中支配集的应用	☆☆☆☆☆
能够应用支配集,解决小镇里和生活中的实际问题	☆☆☆☆☆
有一定的团队协作能力,乐于与他人沟通	☆☆☆☆☆

第 2 单元
掷硬币问题——随机密码

单元背景描述

我们在生活中常面临各种决策,有的简单,有的让人犹豫,此时,掷硬币可以给我们提供随机方案。掷硬币的用处在密码中也有所体现,为密码生成提供一种特别的思路。

本单元将带你了解掷硬币问题中蕴藏的智慧,让我们一起踏上这个充满挑战和机遇的旅程,探索有关随机密码的神秘世界吧!

第 2 单元 掷硬币问题——随机密码

第 1 课 天降巧数——认识随机数

活动目标

1. 了解随机数的特点；
2. 在游戏中体验随机数的作用。

活动内容

在数字森林中有一群活跃的"无序小精灵"，它们调皮捣蛋，不断制造混乱，人们对它们感到好奇而又无奈，一群偶然闯入数字森林的小朋友揭开了它们的神秘面纱。

AI 思维乐园：想象无限

活动 1　谁是幸运儿

每一个进入数字森林的人都要陪"无序小精灵"做一个游戏，才能获得走出数字森林的提示和数字森林的地图。

活动规则："无序小精灵"的游戏类似这样——老师（代表"无序小精灵"）从纸箱中随机抽出 5 个正方形并随机排列，看谁写下的数字与老师的一样！

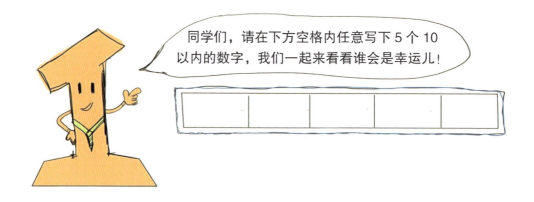

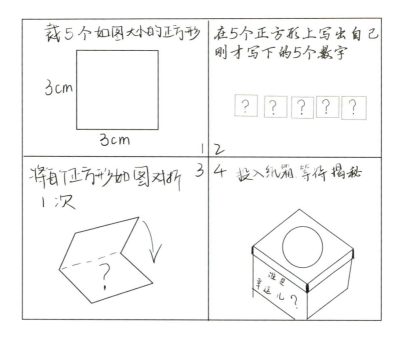

第 2 单元 掷硬币问题——随机密码

请同学们交流随机数的特点。

‹活动 2 森林探险家

恭喜同学们完成上一个游戏，掌握了随机数的特点并获得了数字森林的地图。现在，通过数字森林地图上的指示走出数字森林吧。

活动规则：游戏至少两人一组，每人每回合掷一次骰子，点数即前进步数，成功走到出口即探险成功，顺利走出数字森林。试试看谁先挑战成功！

游戏中一些关键数字的说明如下。

AI 思维乐园：想象无限

3——猎人陷阱：非法狩猎导致野生动物被捕获或受伤，对野生动物的生存造成了威胁，进而破坏森林生态系统的平衡。后退 1 步。

6——养花达人：美化环境。前进 2 步。

7——安全牌：此处安全。原地不动。

9——低碳出行：节能减排。前进 3 步。

11——沼泽：误入沼泽地。后退 3 步。

13——安全牌：此处安全。原地不动。

16——保护环境：垃圾分类。前进 5 步。

19——森林瘴气：森林中的一些微生物会在特定环境中繁殖，产生有害气体，形成瘴气。后退 5 步。

27——野兽：在野外不要单独行动，遇到野生动物不要挑衅，随身携带防护工具，避免突然的动作引起野兽注意。后退 5 步。

32——过度砍伐：过度砍伐树木破坏生态平衡，导致生物多样性减少和物种灭绝，还会加剧水土流失，削弱森林对气候的调节能力，进而引发气候变化，增加洪灾等自然灾害的风险。退回起点。

知识点总结拓展

在这节课中,同学们认识了随机数具有的随机且不可预测的特点,在游戏中更深切地感受到了它的意义。随机数的魅力不仅体现在游戏中,在现实生活中同样也令人惊叹。

我国有一位记忆大师,她的名字叫刘敏。在中央电视台的《挑战不可能》节目中,有一个环节是要求她在30分钟内记忆被分割成100组11位数的1100个随机数字及全部数组对应的100部手机的手机编号(每组数字被随机输入100部手机)。这是对她的记忆力和她对随机数的快速处理能力的极大挑战,但她最终挑战成功,全场沸腾。这不仅展示了她超强的记忆力,也体现了随机数在这种极限挑战中的独特魅力。

AI 思维乐园：想象无限

第 2 课　趣味概率——用硬币进行决策

活动目标

1. 了解硬币在决策时的用处；
2. 在游戏中感受用硬币进行决策的公平。

活动内容

同学们热烈讨论着即将到来的春游活动。有的同学想去博物馆，有的同学想去科技馆。面对不同意见，同学们该如何决定春游地点呢？

第 2 单元　掷硬币问题——随机密码

‹ 活动 ❶ 硬币争霸赛

今天我们将迎来一场特别的春游选址比赛！小小的硬币，将决定我们的欢乐目的地。

活动规则：将同学们分为人数相等的两组，分别代表博物馆组和科技馆组。同学们轮流掷硬币，每人一次机会，硬币正面记 1 分，背面记 0 分，来看看哪组分数高吧！如果一轮结束后分数相等，每组抽 1 位同学再进行掷硬币对决，直至分出胜负为止。

‹ 活动 ❷ 公平趣味挑战

在面临艰难抉择时，硬币常被用作决策工具。然而，通过抛掷这枚小小的硬币作出的决策能否带来真正的公平呢？

活动规则：同学们两人一组进行掷硬币实验，每人抛

AI 思维乐园：想象无限

20次，互相记录结果并统计掷硬币的正背面次数，看看掷硬币的正背面次数是否接近一致。

第1次	第2次	第3次	第4次	第5次
第6次	第7次	第8次	第9次	第10次
第11次	第12次	第13次	第14次	第15次
第16次	第17次	第18次	第19次	第20次
总计	正面（　）次		背面（　）次	

知识点总结拓展

在这节课中，同学们借助硬币，通过统计掷硬币正背面次数决定了春游地点，然而利用掷硬币来进行决策并不一定公平。

从概率的角度来看，抛掷一枚硬币，出现正背面的概率各为50%。可在实际情况中，抛硬币的结果受到多种因素的影响，如抛硬币的力度、高度、空气流动等，这些因素可能会使结果并非完全随机。而且，用掷硬币进行决策往往是在没有更好办法时的无奈之举，决策的结果可能并不能真正反映事情的本质需求或公平性。掷硬币更多的是一种随机的选择方式，而不是一种经过深思熟虑的公平决策机制，所以，用掷硬币进行决策只是一种形式上的随机选择，不能等同于真正的公平决策。

第 2 单元　掷硬币问题——随机密码

第 3 课　"珠玑妙算"——生成随机密码

活动目标

1. 学会利用掷硬币的随机性生成随机密码；
2. 利用珠玑游戏的原理推测密码。

活动内容

在神秘的《珠玑宝鉴》一书中记载着奇妙算法和谜题，只有细心观察、认真思考的人才能破解奥秘。让我们化身探险家，凭借敏锐的思维和过人的智慧挑战难题，开启精彩的"珠玑妙算"之旅吧！

活动 1　翻转密码大揭秘

在打开《珠玑宝鉴》前，我们先来做一个简单的密码

AI 思维乐园：想象无限

破解小游戏进行热身吧！

活动规则：每位同学掷硬币4次，正面记为1，背面记为0。在掷4次硬币后生成你的4位随机密码，并由同伴通过对掷硬币的结果进行推测，看看谁最快揭秘成功！

掷硬币次数	正面/背面	1/0
1		
2		
3		
4		

‹ 活动 2 珠玑妙算

《珠玑宝鉴》中有一个颜色谜题，参与者需要运用自己的聪明才智，经过缜密的推理和分析才能将其成功破解……

第 2 单元　掷硬币问题——随机密码

活动规则：学生从红、黄、蓝、绿、紫、黑、灰中选出 5 种颜色组合成密码，其他同学猜测密码，设置密码的同学告知其他同学猜测结果中颜色与位置都正确的密码数量，其他同学再根据提示继续猜，看谁能最快破解密码！

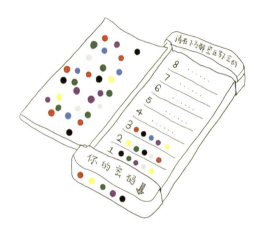

知识点总结拓展

在"珠玑妙算"游戏的推理中，同学们感受到了逻辑的魅力，相信同学们都掌握了破解密码的小诀窍。那么你们知道这个游戏的起源吗？

现代的"珠玑妙算"游戏是在 1970 年由以色列邮政和电信专家莫迪凯·梅罗维茨发明的。这是一种密码破译棋盘游戏，游戏中一方先从规定的几种颜色中选取特定颜色作为密码，另一方设法猜出这组密码。在猜的过程中，设置密码的一方会告知另一方猜测结果中颜色与位置都正确及颜色正确但位置不正确的密码数量。该游戏曾在 20 世纪 70 年代风靡欧洲。

AI 思维乐园：想象无限

第 4 课　福尔摩斯探密——巧用神奇密码

活动目标

1. 认识莫尔斯码、恺撒密码；
2. 通过解密游戏了解密码。

活动内容

一座古城堡曾经的主人是痴迷密码的学者，目前这座古城堡已经荒废。一群小学生在春游时发现了尘封的古城堡大门并进入了这座古城堡，他们在古城堡内遇到了各种奇怪谜题。最终，他们能否解开所有谜题，揭开古城堡的神秘面纱呢？

‹ 活动 **1　点点线线——破解莫尔斯码**

古城堡墙壁上有随处可见的点和线，看似经特殊排列。

第 2 单元 掷硬币问题——随机密码

有同学惊觉这些记号像是莫尔斯码，一起来看看墙上写了什么吧！

活动规则：

1. 对照莫尔斯码表，破译以下莫尔斯码或将文字加密吧！

···/— — —/···

_____

····/·/·—··/·—··/— — —

_____

Bye

_____

2. 同学们根据莫尔斯码表来设计自己的莫尔斯码，两人一组互相破译，看看谁破译得又快又好吧！

莫尔斯码表

字符	莫尔斯码符号	字符	莫尔斯码符号	字符	莫尔斯码符号
A	·—	N	—·	1	·————
B	—···	O	———	2	··———
C	—·—·	P	·——·	3	···——
D	—··	Q	——·—	4	····—
E	·	R	·—·	5	·····
F	··—·	S	···	6	—····
G	——·	T	—	7	——···
H	····	U	··—	8	———··
I	··	V	···—	9	————·
J	·———	W	·——	0	—————
K	—·—	X	—··—	?	··——··
L	·—··	Y	—·——	/	—··—·
M	——	Z	——··	( )	—·——·—
				-	—····—

AI 思维乐园：想象无限

‹ 活动 2 移位"魔法"——破解恺撒密码

在继续探索古城堡时，学生们被写有"恺撒密码"的巨大圆盘所吸引，这是曾经的古城堡主人留给同学们的又一个谜题。

活动规则：恺撒密码中字母按规则移位替换，即字母表中每个字母按固定数值移位，如果移位数值是3，则A被换为D，B被换为E。请同学们利用恺撒密码的规律，破译密码jgnnq，并猜一猜移位数值是多少吧！（提示：密码的中文意思是你好。）

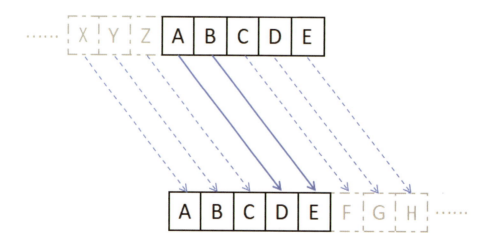

知识点总结拓展

密码是保护信息安全的重要手段。在这节课中，同学们认识了莫尔斯码和恺撒密码，并掌握了其破解方式。以下这几种新兴

第 2 单元　掷硬币问题——随机密码

密码技术，你在生活中有注意过吗？你认识哪几种，试着向同学们介绍一下吧！

①

②

③

④

AI 思维乐园：想象无限

单元总结

掷硬币的随机性为生活增添了无限可能，也为密码学提供了独特的灵感。通过本单元的学习，我们了解了随机数的特点，并通过游戏体验了随机数的作用；了解了掷硬币在决策中的重要作用，并利用"珠玑妙算"游戏的原理尝试破解密码。此外，我们还认识了经典的密码，如莫尔斯码和恺撒密码，进一步领略了密码学的魅力与奥秘。

我的收获

通过本单元的学习，你对以下知识掌握了多少呢？试着动手涂一涂吧！

了解随机数的特点并可以与他人分享	☆ ☆ ☆ ☆ ☆
掌握用硬币进行决策的利弊	☆ ☆ ☆ ☆ ☆
熟练完成"珠玑妙算"游戏的挑战并掌握生成随机密码的方法	☆ ☆ ☆ ☆ ☆
可以独自破解莫尔斯码与恺撒密码	☆ ☆ ☆ ☆ ☆

第 3 单元
公开的秘密——公钥加密

单元背景描述

在我们的日常生活中,网购信息、机票航班信息被泄露等恶性事件时有发生。那么怎样才能防范这类事件的发生呢?

维护社会的安全稳定有警察,在网络上维护信息安全有加密算法。为防范信息泄露等事件的发生,在本单元中,我们一起来探索在如今的网络信息安全领域中凝聚了计算机科学家们智慧的各种各样的加密算法吧!

AI 思维乐园：想象无限

第 1 课　神秘邮件——对称加密

活动目标

1. 通过生活中的事情发现密码学的应用；

2. 通过游戏发现在对称加密中加密和解密使用的是同一把密钥。

活动内容

A 和 B 是一对好朋友，他们常互发电子邮件，给彼此讲有趣的事情。有一天，他们看到了一则新闻，新闻上说有些人会窃取他人的电子邮件内容，A 和 B 就在想，我们该用什么样的方式让别人看不懂我们互发的电子邮件内容，但我们彼此又能轻易看懂呢？

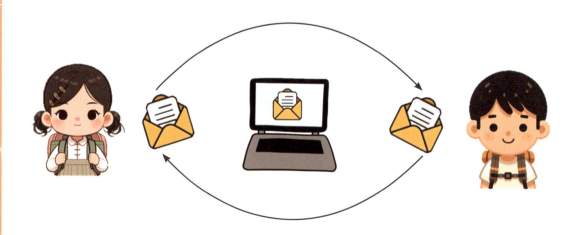

第 3 单元　公开的秘密——公钥加密

‹ 活动 **1** 我们的"电子邮件密钥"

活动规则：

1. 同学们两两一组，制作一把只属于你们的"电子邮件密钥"。

2. 各组中的一位同学写下密文，另一位同学通过"电子邮件密钥"来"打开"它。

示例1：两位同学设计了一把"电子邮件密钥"——字母互换（A⇌B，C⇌D，E⇌F，G⇌H……）。

示例2：A想把她喜欢小猫这件事情告诉给B，于是写下"mao"，随后改成了密文"nbp"发给了B，B用"电子邮件密钥"来"打开"它。

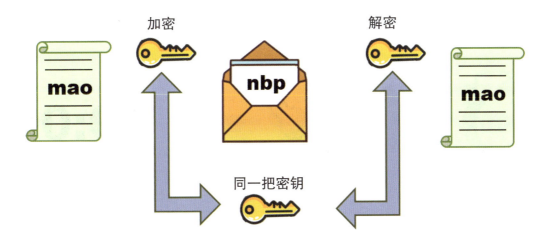

说一说：你有什么发现呢？

AI 思维乐园：想象无限

活动 2　猜猜我是几点钟

周末同学们要以小组为单位去参观科技馆，小组成员要约定一个参观时间并将其写在时钟信纸上，但是不想让其他组的同学知道，因为科技馆中许多体验项目由于人多需要排队，所以他们想到了一个办法。

活动规则：

1.4 位同学一组，选定一个参观时间。

2. 制定一个密钥，对参观时间进行加密。

3. 展示所有小组的密文，猜猜其他组的同学想几点钟去科技馆？

说一说：这种加密方式有什么缺点？

知识点总结拓展

> 通过参与本节课的两个活动，同学们了解了对称加密，但在活动进行过程中，有同学的密钥被破译了，想一想，有什么方法可以提升密文的安全性？

AI 思维乐园：想象无限

第 2 课　神奇的"读心术"——非对称加密

活动目标

1. 了解什么是非对称加密；
2. 通过游戏了解公钥和私钥的用途。

活动内容

A 和 B 约定周末去科技馆的时间有可能被 C 轻松破解，他们心想：这可怎么办？有什么办法可以让密文升级，使密文不会轻易地被别人破解呢？

我们一起来探究一下，看看有什么办法可以解决这一问题吧！

活动 1 我知道你的秘密

活动规则：

1. 用计算器，按出喜欢的 3 个数字。

2. 分别按下乘号、91、=。

3. 将屏幕上的后 3 位数字记录下来。

4. 举起记录下来的 3 个数字，让大家猜猜你喜欢的数字是什么。

解密： 先在计算器上按下记录下来的 3 个数字，再分别按下 ×、11、=。

看看结果的后 3 位数和你喜欢的 3 个数字是否一样。

说一说： 91 和 11 这两个数字，哪个是公开的，哪个是不公开的。

91 为公钥，可以公开让所有人知道。

11 为私钥，不可以公开，只有自己知道。

AI 思维乐园：想象无限

活动 2　我们的小秘密

在校园生活中，同学们有很多事情想和老师分享，但有的时候害羞，不敢和老师直接说。现在我们有一个神奇的双锁邮筒，同学们可以通过双锁邮筒将你的小秘密讲给老师，又不用担心被其他同学知道。

活动规则：

1. 把你想和老师分享的事情写好，装在信封里。

2. 用下发的班级钥匙打开邮筒锁1并将信件放入邮筒。

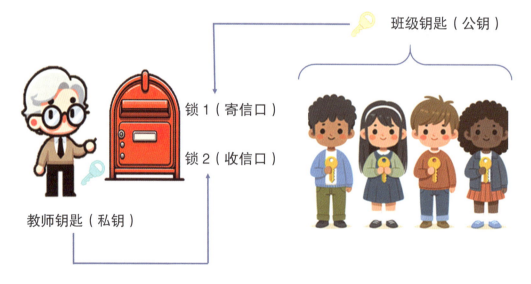

说一说：双锁邮筒有哪些好处呢？

1. 获得班级钥匙（公钥）的人才能往邮筒中放信件。

2. 老师有教师钥匙（私钥），其他人无法查看信件。

第 3 单元　公开的秘密——公钥加密

知识点总结拓展

同学们知道常见的非对称加密算法有哪些吗？非对称加密又有哪些用途呢？

RSA 算法、ElGamal 算法、ECC 算法、背包算法等

身份认证、数据加密等

AI 思维乐园：想象无限

第 3 课　真假签名——数字签名

活动目标

1. 基于纸质签名了解什么是数字签名；
2. 掌握数字签名中公钥和私钥的用途。

活动内容

周末，小明和妈妈去看书法展，小明感到十分震撼，他心想：如果有一天我的字也可以被展出，怎样才能让大家知道这幅作品属于我呢？

这节课我们就来一起想一想，如何分辨作品的所属作者呢？

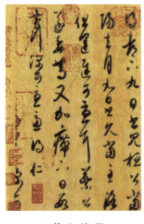
王羲之作品

苏轼作品

第 3 单元 公开的秘密——公钥加密

‹ 活动 1 真假签名猜猜猜

活动规则：

1.6 位同学为一组，选一位代表人物，将他的名字写在纸上。

2. 小组间交换，猜猜哪张才是代表人物自己写的名字。

说一说：有什么办法可以使我们全部猜对呢？

‹ 活动 2 我是大艺术家

10 年之后你成为一位非常有名的画家，作品特别珍贵，每画完一幅画，你都会在相应位置签上自己的名字（数字签名）。

活动规则：

1.6 位同学为一组，选出一位同学作为大艺术家。

2. 设计一个专属印章，每完成一幅作品都要在作品上

AI 思维乐园：想象无限

印一个印章。

3. 为了让大家知道这幅作品属于大艺术家，并且没有被篡改过，大艺术家有一份相应的作品说明书。

4. 同学们将所有作品放在一起，拿着不同的作品说明书，找一找每一幅作品分别对应哪一位大艺术家。

大艺术家

印章

作品

作品说明书

说一说：印章和作品说明书分别是什么？作用是什么？可以分别理解为私钥和公钥吗？

请同学们在老师的带领下上网查阅公钥与私钥的相关信息，思考如何为大艺术家设计一套公钥与私钥。

知识点总结拓展

在这节课中，同学们了解了数字签名中的公钥和私钥。思考一下，数字签名的主要功能是什么？

> 保证信息传输的完整性，进行信息发送者的身份认证，防止交易中抵赖情况的发生。

第 3 单元　公开的秘密——公钥加密

第 4 课　权威认证——数字证书

活动目标

1. 通过活动了解数字证书的用途；
2. 了解数字证书的意义。

活动内容

随着科技的发展，手机支付的应用场景逐渐广泛，那么，手机支付是如何保证资金安全的呢？为了确保支付安全，一个支付工具身份证——数字证书诞生了。

这节课我们就一起来探究一下数字证书。

	数字证书 保护钱包提升支付安全	已启用 >
	安全锁 开启后，进入"我-服务"时需验证身份	已开启 >
⊙	**金额隐私保护** 开启后可隐藏钱包下方金额	未开启 >
	百万保障 保障你的资金安全，无须任何费用	保障中 >

AI 思维乐园：想象无限

活动 1 真心换真心

活动规则：

1. 每位同学为自己制作两张精美的身份卡。

2. 在信纸上写下想问同学的问题，并在信纸上贴好自己的身份卡。

3. 将信纸给到想给的同学手中。

4. 接收信纸的同学回答问题，并将自己的身份卡贴在信纸上。

5. 接收信纸的同学将信纸还给提问的同学。

说一说：制作身份卡并将身份卡贴在信纸上有什么意义？

在交流中展示身份卡可以确定对方身份的真实性。

活动 2 认证学习小明星

活动规则：

1. 给每位同学下发一张学习小明星证书。

2. 同学们在证书上写好姓名及其他个人信息。

3. 将写好的证书交给老师。

4. 老师根据同学们的上课表现、学习态度和学习程度综合评定，表现好的同学的证书被印上班级印章。

AI 思维乐园：想象无限

说一说：老师的班级印章有什么用途？没有班级印章可以吗？

> 印章具有公证效力。
> 证书只有经过权威认证才能生效，否则无效。

知识点总结拓展

在这节课中，同学们了解了数字证书。根据本节课的活动来说一说数字证书有什么特点？

| 安全性 | 唯一性 | 便利性 |

单元总结

在本单元中，我们认识了两种不同的加密方式，同学们通过活动了解了对称加密的原理及非对称加密中公钥和私钥的用途，并了解了加密在我们生活中的应用——数字签名、数字证书。

我的收获

通过本单元的学习，你对以下知识掌握了多少呢？试着动手涂一涂吧！

我知道对称加密和解密的过程用的是同一把密钥	☆☆☆☆☆
我知道非对称加密中公钥可以公开、私钥不可以公开	☆☆☆☆☆
我知道数字签名中公钥和私钥的用途	☆☆☆☆☆
我知道数字证书的用途	☆☆☆☆☆

第4单元
计算机病毒复制——变量赋值

单元背景描述

本单元以跨学科的方式,将计算机科学与同学们的日常生活紧密相连,将抽象的计算机病毒涉及的相关概念和属性比喻成同学们熟悉的事物,下面我们将一起探索变量赋值对计算机编程带来的影响。

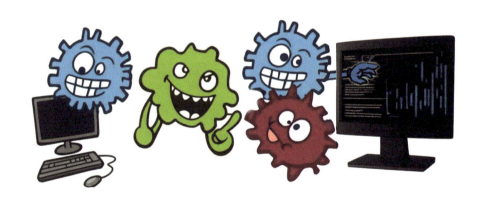

第4单元　计算机病毒复制——变量赋值

第1课　计算机病毒"小捣蛋"——认识变量赋值

活动目标

1. 了解计算机病毒（"小捣蛋"）的隐蔽性；
2. 初步理解变量赋值的基本概念。

活动内容

"小捣蛋"会在我们的周围进行伪装，然后通过互联网传播并会给我们的计算机造成破坏！我们快把它找出来。

活动 1　比眼力

妈妈买回一串葡萄，假设"小捣蛋"就隐蔽其中，同学们发现"小捣蛋"隐藏在哪里了吗？

活动规则：对比两张图片，找一找这两张图片有几处不同。

AI 思维乐园：想象无限

如果你是 "小捣蛋"，为了不被发现，你会隐藏在哪里？请在图中画出来吧！

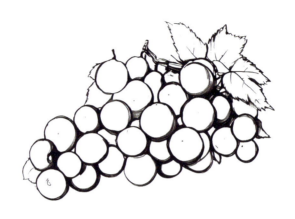

活动 2　巧妙使用变量卡

准备 25 张含有 1～5 中任意一个数字的"数字卡"和 3 张"变量卡"。同学们从起点开始依次按照 1～5 的顺序出卡。其中"变量卡"可以代替任意一张"数字卡"。

活动规则： 出卡片时，"变量卡"可以代替任意一张"数字卡"，第一个到终点的同学获胜！

第4单元 计算机病毒复制——变量赋值

知识点总结拓展

1. 游戏规则是按照1～5的顺序出卡，变量卡却可以任意赋值，这个过程就是变量赋值。

2. 计算机病毒不仅很会隐藏，其伪装方式如同游戏中的"变量卡"给变量赋值，它可以将自己变成计算机程序中的其他代码，把自己隐藏起来，而且它还会进行复制，一个可变为多个。

AI 思维乐园：想象无限

第 2 课　计算机病毒的变身术——变量的多样性

活动目标

1. 理解计算机病毒的多样性和变化性；
2. 了解计算机病毒的危害性。

活动内容

一群 "小捣蛋"以不同身份蒙骗我们，请你识别 "小捣蛋"，并记住它们的危害！

活动 1　识别多变的 "小捣蛋"

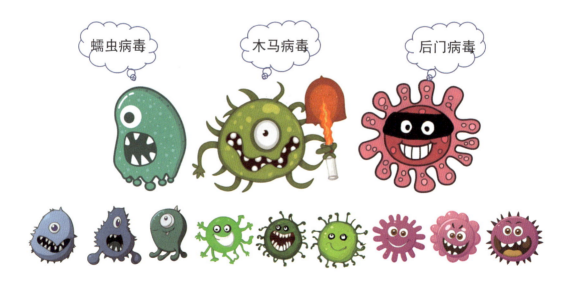

第4单元 计算机病毒复制——变量赋值

1. 在第一个纸杯上画出"小捣蛋"的外形，将脸部抠空，然后套在第二个纸杯上，旋转纸杯，画出3种"小捣蛋"的表情。体会"小捣蛋"不同表情变化带来的多样性。

2. 把下面的句子补充完整。

"小捣蛋"伪装成了＿＿＿，它可能要破坏＿＿＿。

活动 2 连一连

活动规则：用线连接"小捣蛋们"的破坏行为。

让计算机不能正常工作

木马随时窃取照片

有后门更方便偷走数据

AI 思维乐园：想象无限

知识点总结拓展

　　本节课我们了解了计算机病毒种类众多，常见的有木马病毒和后门病毒等。我们可以在计算机上安装杀毒软件防止病毒入侵。

第 4 单元　计算机病毒复制——变量赋值

第 3 课　迷宫探险家——变量控制行为

活动目标

1. 理解变量与计算机程序之间的关系；
2. 体会异常变量的潜在危险。

活动内容

在数字世界里，出现了"反向"病毒，它们不按照规则行动。你说"前进"它后退，你说"后退"它前进。

活动 1　与"反向"病毒较量

活动规则：同学们分别扮演"小卫士"和"反向"病毒，抽取自定义指令变量卡片，执行卡片上的指令，先追到对方者获胜！

AI 思维乐园：想象无限

‹ 活 动 › **2** "小捣蛋"带来的异常变量

请同学们准备"小捣蛋""拍手""跺脚"卡片各 3 张，放到开口的盒子中。

第4单元 计算机病毒复制——变量赋值

1. 各位同学根据抽到的卡片做动作，如果抽到盒子里的"小捣蛋"卡片，则做出自己想象的特殊动作，如"做鬼脸""摇头"等。

2. 把下面的句子补充完整。

有一天，病毒把电视上应该显示（赋值）为＿＿＿颜色的地方变成了＿＿＿颜色，我们就没法看电视了！

知识点总结拓展

> 计算机程序在运行时，对于使用的变量是有规则要求的，如果规则被破坏，计算机程序就会出现异常。

AI 思维乐园：想象无限

第4课　智能侦探团——追踪变量赋值的决策点

活动目标

1. 了解变量赋值在决策过程中的作用；
2. 理解决策点的选择条件。

活动内容

请同学们分析迷宫地形，确定哪些地方是需要进行选择的决策点。

第 4 单元　计算机病毒复制——变量赋值

活动 1　观察迷宫并回答问题

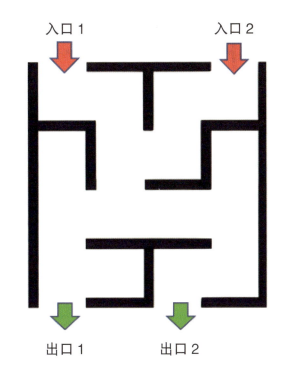

1. 迷宫有____个入口？

2. 迷宫有____个出口？

3. 用不同颜色的笔画出从入口到出口的路线。可以画出几条不同的路线？

4. 观察这些通向出口的路线，把它们共同经过的地方，用〇画出来。

活动 2　展现自己的决策

1. 用不同颜色的笔画出 3 条从入口到出口的不同路线。

AI 思维乐园：想象无限

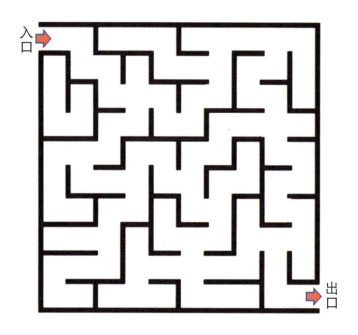

2. 观察这些通向出口的路线，找出需要进行方向选择的 3 个决策点，用 ①②③ 进行标注。

3. 用对勾将决策点可以进行变量赋值的内容标注出来（多选）。

决策点 ❶	决策点 ❷	决策点 ❸
← → ↑ ↓	← → ↑ ↓	← → ↑ ↓

知识点总结拓展

决策点通常出现在路径分叉的地方，决策人需要根据当前所处的位置和目标位置来作出选择。

第4单元 计算机病毒复制——变量赋值

单元总结

在本单元中,我们了解了变量赋值的概念,它在计算机程序中发挥着重要作用。异常的变量赋值很可能是计算机病毒常用的攻击手段。为了防范计算机病毒入侵,我们要了解变量赋值在计算机程序中起的作用,提前阻止计算机病毒的破坏意图!

我的收获

通过本单元的学习,你对以下知识掌握了多少呢?试着动手涂一涂吧!

我了解了变量	☆☆☆☆☆
我学会了赋值	☆☆☆☆☆
我提高了动手能力	☆☆☆☆☆
我会寻找决策点	☆☆☆☆☆